Mgr PERRAUD
ÉVÊQUE
D'AUTUN, CHALON ET MACON

ÉLOGE FUNÈBRE

DU GÉNÉRAL

CHANGARNIER

PRONONCÉ

A LA CATHÉDRALE D'AUTUN

DANS LA CÉRÉMONIE DES OBSÈQUES

LE DIMANCHE 18 FÉVRIER 1877

AUTUN
DEJUSSIEU PÈRE ET FILS, IMPRIMEURS DE L'ÉVÊCHÉ

Prix................. » 90 c.
Par la poste........ 1 fr. »

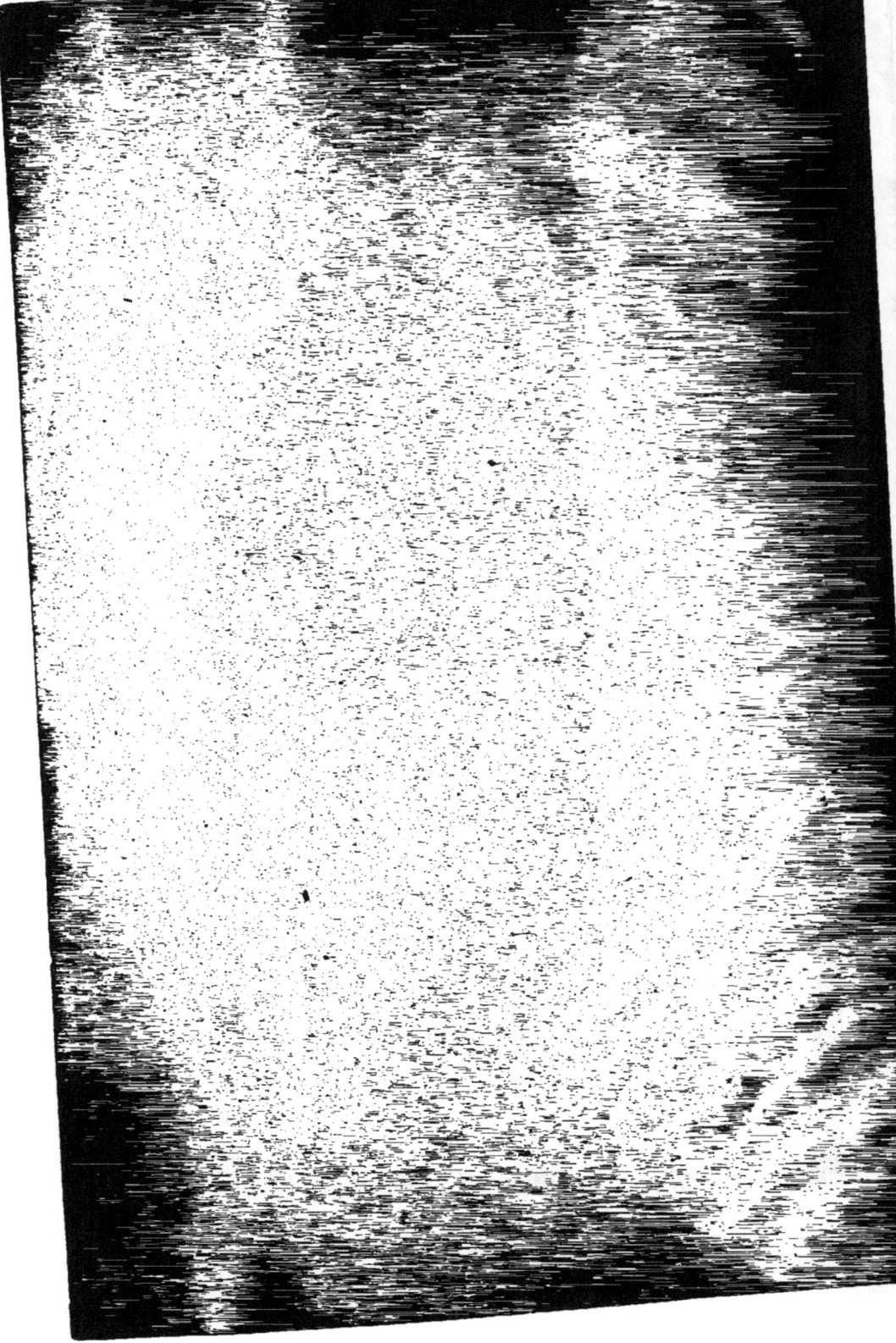

ÉLOGE FUNÈBRE

DU GÉNÉRAL

CHANGARNIER

ON TROUVE CHEZ LES MÊMES ÉDITEURS :

ŒUVRES PASTORALES DE Mgr PERRAUD

ÉVÊQUE D'AUTUN, CHALON ET MACON

(Éditions in-32, format populaire)

Le Courage : Lettre pastorale pour le Carême 1875.
La Justice : Lettre pastorale pour le Carême 1876.
La Sagesse : Lettre pastorale pour le Carême 1877.
La Basilique et les Chapelains de Paray-le-Monial.
Installation des Chapelains de la Basilique de Paray-le-Monial.
Les Forgerons ou l'idée du devoir : Discours prononcé au Creusot.
L'Apostolat : Discours du jour de la Pentecôte 1876.
La Science et Dieu : Discours prononcé à la Cathédrale d'Autun pour l'ouverture du Congrès de l'Institut des Provinces de France.
Saint-Martin au mont Beuvray.
Discours prononcé à Paray-le-Monial pour la fête de la Bienheureuse Marguerite-Marie.
Prions et Travaillons : Discours prononcé à la Cathédrale pour la cérémonie des prières publiques.

EN OUTRE :

OUVRAGES DU R. P. ADOLPHE PERRAUD

PRÊTRE DE L'ORATOIRE, PROFESSEUR EN SORBONNE

Études sur l'Irlande contemporaine, 2 vol. in-8º.
L'Oratoire de France au dix-septième et au dix-neuvième siècle, 1 vol. éd. in-8º et in-12.
Les Paroles de l'heure présente : Discours prononcés en 1870 et en 1871, 3e éd. 1 vol. in-12.
Le P. Gratry, ses derniers jours, son testament spirituel.
Les Saintes Françaises, 2e éd., Discours prononcé à Sainte-Geneviève.
Et autres discours ou articles de critique, de théologie et d'histoire.

Mgr PERRAUD
ÉVÊQUE
D'AUTUN, CHALON ET MACON

ÉLOGE FUNÈBRE

DU GÉNÉRAL

CHANGARNIER

PRONONCÉ

A LA CATHÉDRALE D'AUTUN

DANS LA CÉRÉMONIE DES OBSÈQUES

LE DIMANCHE 18 FÉVRIER 1877

AUTUN
DEJUSSIEU PÈRE ET FILS, IMPRIMEURS DE L'ÉVÊCHÉ

Prix.............. » **85** c.
Par la poste........ **1** fr. »

ÉLOGE FUNÈBRE

DU GÉNÉRAL

CHANGARNIER

> *Usque ad mortem pro legibus,*
> *templo, civitate, patria et civibus.*
> Jusqu'à la mort pour les lois,
> pour le temple, pour la cité, pour
> la patrie, pour les concitoyens.
> (II Mach. XIII, 14.)

Que vous semble, Messieurs, de cet ordre du jour dicté par Judas Machabée à ses soldats, la veille d'un combat décisif qui fut couronné par une éclatante victoire ?

Combattre; combattre sans cesse; combattre jusqu'au bout, jusqu'à la dernière heure, jusqu'à la mort inclusivement, *usque ad mortem*, si on peut ainsi parler ;

Combattre pour sa patrie, pour les lois de son pays, pour l'honneur du temple de Dieu, pour ses concitoyens ;

Croire en même temps (toujours comme l'héroïque adversaire d'Antiochus) qu'au dessus

— 6 —

de tout courage et de tout effort humain, il faut s'appuyer sur Dieu, et que la religion est l'inébranlable, le nécessaire fondement de l'amour bien entendu de son pays : *Dans potestatem omnium Deo, mundi creatori*. (1)

Voilà, Messieurs, comment soudainement appelé au triste honneur de rendre les devoirs funèbres au général Changarnier; ayant à peine eu le temps d'ouvrir à la hâte le recueil de nos Écritures, j'ai cependant trouvé en deux lignes de nos historiens sacrés le résumé le plus véridique de cette longue, honnête et courageuse existence : *Usque ad mortem pro legibus, templo, civitate, patria, legibus.*

I

Né soldat, comme d'autres naissent peintres ou poëtes, mais venu trop tard pour prendre part aux combats de géants dont l'Europe était le théâtre, alors qu'il n'était encore que l'obscur

---

1. II Mach. xiii. 14.

écolier de notre collége d'Autun (1), Nicolas-Théodule Changarnier dut attendre jusqu'à la campagne de 1823, et surtout jusqu'à l'expédition d'Alger, pour déployer toutes les qualités dont la Providence l'avait doué pour le métier de la guerre.

Mais alors, quelle soudaine, quelle brillante explosion des aptitudes les plus rares et de ces facultés maîtresses qui font non-seulement les soldats intrépides, mais les hommes de commandement et les solides capitaines! Mettez ensemble la rapide intelligence des situations, une hardiesse qu'on aurait parfois taxée de témérité, si elle n'avait été cet élan traditionnel de la *furie française,* qui fit appliquer vingt fois à ce fils des Éduens le mot de Strabon sur les Gaulois, nos ancêtres : « *prompts au combat, ils marchent droit à l'en-* » *nemi et l'attaquent de front, sans s'informer*

---

1. Où, par parenthèse, il fit de très brillantes études. Un juge compétent, Sainte-Beuve, appelle quelque part le général Changarnier « une véritable autorité littéraire. » (Lettre à M. de Chantelauze, 20 septembre 1867, publiée par M. Jules Levallois, dans son ouvrage sur Sainte-Beuve, p. 230 et suiv. Paris, Didier, 1872.)

» *d'autre chose* » (1) ; enfin, et autant qu'il peut m'être permis d'esquisser en traits rapides et incomplets cette physionomie si originale, le don merveilleux d'entraîner tout après soi par la double et irrésistible puissance de la bravoure la plus chevaleresque unie à une imperturbable gaieté ; ainsi apparut sur les champs de bataille de l'Algérie le jeune officier que distinguait de bonne heure le maréchal Clausel, et qui bientôt, digne émule des Bedeau et des Lamoricière, formant avec eux, comme on l'a si bien dit, *le triumvirat des Africains* (2), s'éleva rapidement aux plus hauts grades, demeurant toujours par son mérite au dessus des distinctions les plus légitimement conquises.

Constantine, Blidah, Mouzaïah, les Portes-de-Fer, Chéliff, le col de Médéah et cent autres noms, gravés en caractères de feu dans la mémoire de nos troupiers d'Afrique, rappellent à tous, comment, en moins de douze ans, de 1830 à 1842, Changarnier échangeait ses épaulettes

---

1. Strabon, l. IV.
2. Voir le magnifique discours prononcé le 25 avril 1875 par Mgr Lavigerie, archevêque d'Alger, et publié sous ce titre : *L'armée et la mission de la France en Afrique.*

de capitaine contre celles de général de division. Ce sont celles qui ornent aujourd'hui son cercueil, et font involontairement penser à ce bâton de maréchal que la fortune lui a refusé, mais non le suffrage compétent de ses anciens compagnons d'armes.

Il avait combattu pour la patrie dans les plaines de la Kabylie et dans les défilés de l'Atlas, *pro patria*. Sur un autre théâtre, il combattra encore pour elle, mais, en outre, pour les lois et pour la société, *pro legibus, pro civitate*.

L'heure néfaste des discordes civiles a sonné. Voici d'abord ces lugubres journées de juin 1848, où, non loin d'un archevêque qui donnait volontairement sa vie pour son troupeau, nos africains, Cavaignac, Bedeau, Lamoricière et bien d'autres, durent combattre l'effroyable combat des barricades afin d'empêcher le triomphe de cet infâme drapeau rouge, dont un autre enfant de ce département, — Lamartine, — avait eu le courage de dire, en un jour de tempête populaire, « qu'il n'avait jamais

» fait que le tour du Champ-de-Mars, en se
» souillant de sang et de boue ! »

Changarnier, alors retenu en Algérie par les devoirs de son commandement, ne put, il est vrai, prendre part à ce terrible épisode de nos guerres intestines (1); mais nous le retrouvons le 13 juin 1849, faisant résolûment tête à une nouvelle émeute; et, tout à la fois énergique et habile, cernant les insurgés par une adroite manœuvre et les obligeant de mettre bas les armes au Conservatoire des arts et métiers avant que le sang français eût rougi de nouveau le pavé de Paris.

Soldat toujours, même quand les glaces de l'âge auraient dû, ce semble, refroidir les

1. Le général était à Paris le 16 avril 1848, en ce jour où les chefs du socialisme essayèrent de pousser dans la rue des masses d'ouvriers sans travail, mais où un prompt et formidable déploiement de force armée prévint une imminente collision. Nommé gouverneur général de l'Algérie le 30 avril, il partit immédiatement pour l'Afrique et débarqua à Alger le 11 mai. Élu le 8 juin pour compléter la députation de Paris à l'Assemblée constituante, il dut revenir en France. Ce fut en relayant à Aix qu'il eut la première nouvelle de l'insurrection de Paris, où il ne put entrer que le 28, à sept heures du matin.

ardeurs de son impétueuse jeunesse, Changarnier, naguère proscrit, mais trop bon français pour ne pas sacrifier toute rancune personnelle devant les périls d'une invasion ; Changarnier, dis-je, sollicita et obtint l'honneur de servir comme volontaire dans les murs de Metz assiégé, et eut la douleur d'assister à un désastre qui faisait reculer la France de trois siècles en arrière.

II

L'heure du repos n'allait-elle donc pas sonner pour lui, après ce témoignage suprême de dévouement donné à la patrie envahie, foulée aux pieds, mutilée ?

Non, Messieurs, Changarnier n'était pas de ceux qui se reposent ! Son mot d'ordre, je vous l'ai dit, c'était de demeurer jusqu'à la dernière minute, *usque ad mortem,* un athlète armé et luttant.

La vieillesse, il est vrai, était venue ; mais personne ne s'en doutait, et lui moins que personne. Toujours alerte, jeune d'esprit, pétillant d'entrain, le général Changarnier, député ou sénateur, rappela plus d'une fois par ses vaillantes saillies les prouesses du capitaine africain.

Qui, d'ailleurs, a été plus exact que lui à la consigne des devoirs parlementaires ? Jusqu'en ces derniers mois où, comme un soldat qui après avoir fait panser une blessure à l'ambulance retourne en toute hâte au combat, le général, même après le terrible assaut du mal auquel il avait failli succomber il y a dix mois, ne relâcha rien de son assiduité aux travaux d'une assemblée où il défendait les plus grands intérêts, *usque ad mortem, pro legibus, templo, civitate*.

C'est qu'en effet, Messieurs, par le malheur des temps ou, pour parler plus exactement, par la malice des hommes, le théâtre de nos discussions législatives s'est singulièrement élargi, et les nécessités de la défense croissant avec les audaces de l'attaque, il a fallu et il faut encore, tous les jours, protéger les principes éternels du vrai et du juste et les fondements mêmes de l'ordre social, contre les passions inintelligentes qui nous rendraient bientôt la risée de l'Europe et nous en feraient devenir la proie, s'il leur était donné d'être victorieuses.

Sur ces nouveaux champs de bataille, le général Changarnier est demeuré ce qu'il avait été toute sa vie : un soldat sans peur et sans reproche. Ses mains octogénaires ont tenu ferme jusqu'au bout le drapeau de la civilisation chrétienne, comme elles tenaient, quarante ans auparavant, l'épée devant laquelle fuyait, avec les cavaliers d'Abd-el-Kader, le croissant de Mahomet.

Il n'était pas, d'ailleurs, de ces hommes qui ne défendent les principes de la morale religieuse et sociale que par des convenances de situation, sauf à démentir par leur vie privée les maximes dont ils remplissent leurs discours publics.

Né d'une famille chrétienne, il était enfant d'une ville qui s'honore toujours d'être appelée « la cité du Christ. »

Ædua, Christi civitas. (1)

1. Inscription d'une médaille frappée sous le règne de Charles le Chauve.

Aucun de nous, Messieurs, ne l'a oublié : aussitôt qu'avait sonné l'heure des vacances parlementaires, le général accourait, toujours heureux de revoir son cher Autun, et, chaque dimanche, on le voyait assidu à cette messe de midi qui nous rassemble aujourd'hui autour de ses dépouilles mortelles, ne rougissant pas plus d'y prier qu'il ne rougissait autrefois de s'élancer sur l'ennemi pour l'enfoncer et pour le vaincre.

Aussi bien, gardera-t-on toujours avec un religieux respect, dans ses archives de famille, cesdeux lignes qu'il écrivait il y a dix mois, après avoir touché aux portes de la mort :

Aujourd'hui, je me suis confessé, j'ai communié, et je m'en trouve très bien. (1)

Voilà, Messieurs, en deux mots, la très significative profession de foi de notre cher général. Son évêque est fier de la redire dans cette chaire, en face de ce cercueil, au milieu de ce déploiement des pompes humaines et des honneurs terrestres. C'est elle qui sert de

1. Lettre d'avril 1876 à sa famille d'Autun.

fondement à nos espérances devant la perspective toujours redoutable des jugements de Dieu ; et si, comme l'a dit cet ancien, la plus grande victoire c'est de se vaincre soi-même, *maximum imperium est imperare sibi,* nul doute que l'heure où ce grand homme, s'agenouillant aux pieds du prêtre de Jésus-Christ pour dire ses fautes, attendait humblement son pardon, n'ait été l'heure d'un de ses triomphes les plus méritoires et les plus glorieux.

Vous le savez, Messieurs, le général avait au plus haut degré le don de dire beaucoup de choses en peu de mots ; et à la façon des hommes antiques, il a buriné sur l'airain des paroles qui resteront parce que déjà elles appartiennent à l'histoire.

Aussi, qu'importent les injures dont le poursuit depuis trois jours une presse ignoble qui ne laisse même pas à ses cendres le temps de se refroidir ? Bientôt, l'oubli aura fait justice des scribes ou des rhéteurs de bas étage qui ne salissent qu'eux-mêmes, en essayant de jeter de la boue sur ce mâle visage. Quant à lui, non-seulement pour notre Autun, si justement fier d'avoir dans le même siècle donné à l'armée française deux de ses chefs les plus illustres (1), mais pour la France tout entière ; et non-seulement pour celle d'aujourd'hui, mais pour celle de demain, pour la postérité, il s'appellera, *il s'appelle* CHANGARNIER ! (2)

III

Que son exemple, Messieurs, nous apprenne ce que peut, contre l'aveugle et brutale puissance du nombre, la vaillance d'un homme de cœur, fermement décidé à lutter jusqu'au bout, *usque ad mortem,* pour son devoir et pour l'honneur.

Nous aussi, en ce moment, nous avons à défendre notre France bien-aimée contre les efforts parricides des sectaires qui cherchent à la faire rouler au fond des abîmes du matérialisme et du socialisme athée.

1. Le général Changarnier, ancien élève du collége d'Autun ; le maréchal de Mac-Mahon, ancien élève du petit séminaire d'Autun. Le Maréchal, dérogeant aux règles de l'étiquette, a eu la noble inspiration d'assister au service funèbre célébré aux Invalides, le 17 février, pour le général Changarnier dont il avait été l'aide de camp dans les guerres d'Afrique.
2. Assemblée nationale, séance du mercredi 29 mai 1872 (Voir le *Journal officiel* du 30 mai, p. 3595).

Ils s'appellent et ils sont légion, *legio mihi nomen est* (1); et, en effet, ils sont la coalition de tous les instincts grossiers, de toutes les malsaines cupidités, des plus basses et des plus dangereuses passions.

N'ayons pas peur, Messieurs. Faisons face. Combattons.

C'était dans la retraite de Constantine. Il fallait protéger le défilé de l'armée française, attaquée par des forces dix fois supérieures, et lui laisser le temps d'échapper aux masses de la cavalerie arabe. Cette tâche difficile échoit au chef de bataillon Changarnier. Il laisse passer devant lui les têtes de colonne, puis tout le corps expéditionnaire. Avec une poignée d'hommes, résolus comme lui, il forme l'arrière-garde. Vingt fois, les cavaliers de l'émir chargent cette petite troupe, pensant l'écraser aisément d'un seul choc; vingt fois ils sont repoussés. Changarnier a fait former le carré; puis, de sa voix retentissante, il a jeté à ses hommes cette bravade héroïque qui centuple leur courage : « Camarades, regardez

---

1. Marc. v, 9.

» ces gens-là en face. Ils sont 6,000, et vous
» êtes 300 ; vous voyez que la partie est
» égale ! » (1)

Elle le fut, en effet; car, découragés de leurs tentatives infructueuses, las de se briser contre cette muraille vivante qui vomissait le fer et le feu, les cavaliers arabes reprirent la route du désert. Le commandant Changarnier avait sauvé l'armée.

Travaillons comme lui, Messieurs, à sauver la France. Je vous y conviais, il y a un mois, dans cette même Cathédrale (2). Oui, sauvons la France, et pour cela, travaillons, combattons tous comme des hommes de cœur mettant, avant tout, leur confiance en Dieu : *Dans potestatem omnium Deo mundi creatori.*

Et maintenant, Messieurs, prions encore ensemble pour l'âme de notre héros. Avec la

1. Ce sont bien les paroles authentiques prononcées par Changarnier le 24 novembre 1836, près de Sidi-Mabrouk. Lui-même les a relatées dans une lettre adressée à M. l'abbé Farges, professeur au petit séminaire d'Autun, lettre dont l'original est aux archives du petit séminaire.
2. Voir le discours prononcé à la cérémonie des prières publiques, le 14 janvier 1877. Il a été publié sous ce titre : *Prions et travaillons.*

sainte Église catholique, sa mère et la nôtre, demandons pour lui « le rafraîchissement, la » lumière et la paix, *locum refrigerii, lucis et* » *pacis.* » (1)

Demandons ces biens inappréciables par la médiation de notre Christ Sauveur, de notre Christ dont le vieux soldat implora la bénédiction aux approches de ce suprême combat après lequel, au lieu des honneurs périssables de la terre, il nous est doux de lui souhaiter le repos qui n'aura pas de fin et une gloire éternelle !

1. Canon de la Messe.

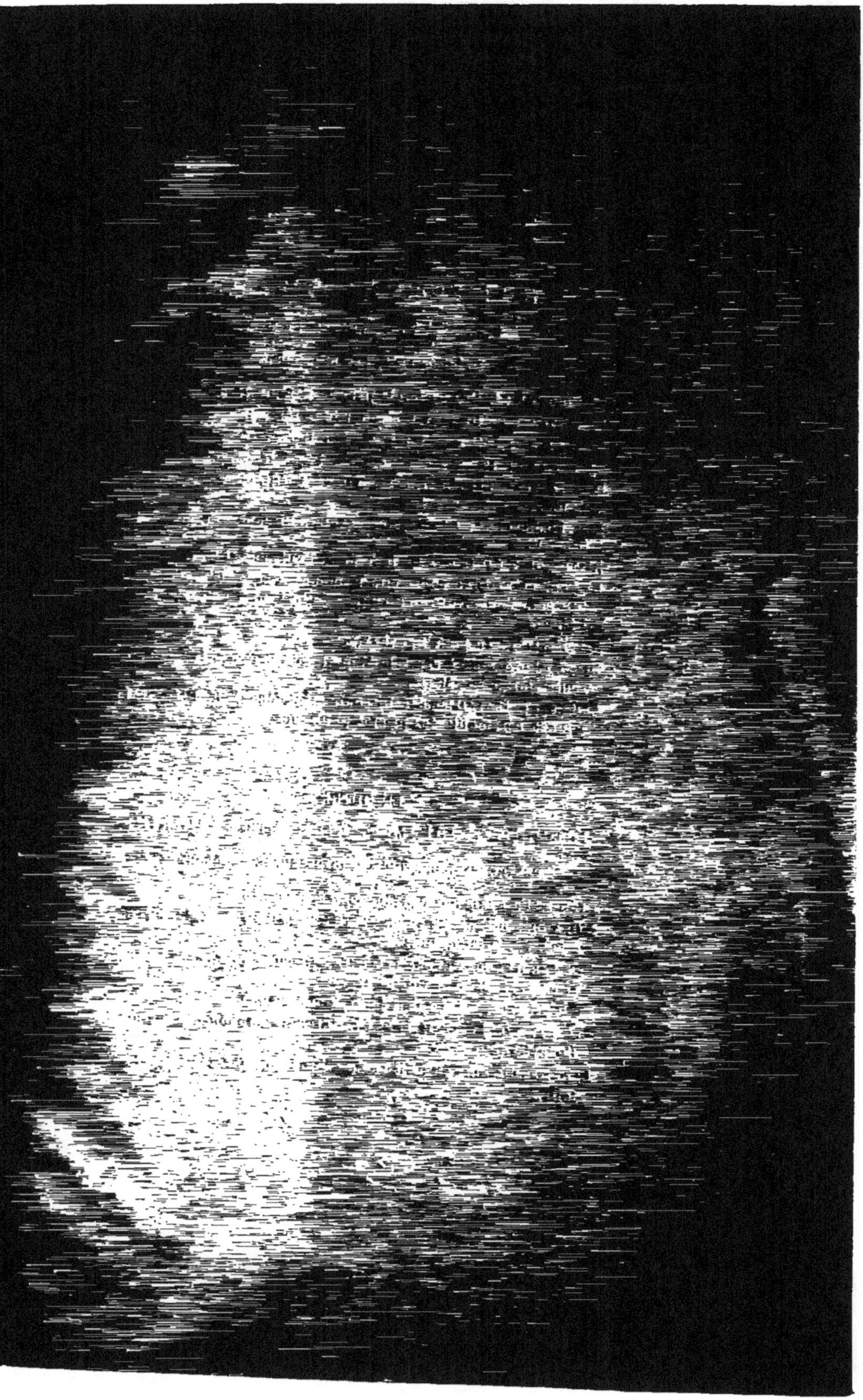

ON TROUVE CHEZ LES MÊMES ÉDITEURS :

ŒUVRES PASTORALES DE Mgr PERRAUD

ÉVÊQUE D'AUTUN, CHALON ET MACON

(Éditions in-32, format populaire)

LE COURAGE : Lettre pastorale pour le Carême 1875.
LA JUSTICE : Lettre pastorale pour le Carême 1876.
LA SAGESSE : Lettre pastorale pour le Carême 1877.
LA BASILIQUE ET LES CHAPELAINS de Paray-le-Monial.
INSTALLATION DES CHAPELAINS de la Basilique de Paray-le-Monial.
LES FORGERONS ou l'idée du devoir : Discours prononcé au Creusot.
L'APOSTOLAT : Discours du jour de la Pentecôte 1876.
LA SCIENCE ET DIEU : Discours prononcé à la Cathédrale d'Autun pour l'ouverture du Congrès de l'Institut des Provinces de France.
SAINT-MARTIN AU MONT BEUVRAY.
DISCOURS prononcé à Paray-le-Monial pour la fête de la Bienheureuse Marguerite-Marie.
PRIONS ET TRAVAILLONS : Discours prononcé à la Cathédrale, pour la cérémonie des prières publiques.

EN OUTRE :

OUVRAGES DU R. P. ADOLPHE PERRAUD

PRÊTRE DE L'ORATOIRE, PROFESSEUR EN SORBONNE

ÉTUDES SUR L'IRLANDE CONTEMPORAINE, 2 vol. in-8°.
L'ORATOIRE DE FRANCE AU DIX-SEPTIÈME ET AU DIX-NEUVIÈME SIÈCLE, 1 vol. éd. in-8° et in-12.
LES PAROLES DE L'HEURE PRÉSENTE : Discours prononcés en 1870 et en 1871, 3e éd. 1 vol. in-12.
LE P. GRATRY, ses derniers jours, son testament spirituel.
LES SAINTES FRANÇAISES, 2e éd., Discours prononcé à Sainte-Geneviève.
Et autres discours ou articles de critique, de théologie et d'histoire.

www.ingramcontent.com/pod-product-compliance
Lightning Source LLC
Chambersburg PA
CBHW060609050426
42451CB00011B/2161